Wünsche für ein ganzes Jahr

Das Leben ist eine Wundertüte, man muss nur
ordentlich zugreifen – denn Wünsche gehen in Erfüllung,
wenn man nur fest an sie glaubt.
Dieser Aufsteller enthält kleine und große Wünsche für dich –
Wünsche, die dir Kraft geben oder Trost spenden,
dir Mut machen und dich motivieren,
dir Glück und Lebensfreude schenken oder dich
einfach nur inspirieren, deine Träume zu verwirklichen.
Ich wünsche mir für dich, dass du an
die Kraft der Wünsche glauben kannst und
ein Leben in Fülle und Dankbarkeit führst.

Ich wünsche dir ...

... 12 Monate, gefüllt mit *Liebe* und *Herzklopfmomenten*.

... 52 Wochen, voll mit kleinen und großen *Erfolgserlebnissen*.

... 365 Wege, dein *persönliches Glück* zu finden.

... 8760 Stunden in voller *Gesundheit*.

... 525.600 Minuten voller *Zufriedenheit* und Zuversicht.

... 31.536.000 Sekunden, voll mit kleinen
und großen *Abenteuern*.

... natürlich noch *so viel mehr!*

365 WEGE, DIR *alles Gute* ZU WÜNSCHEN

arsEdition

Und nun *vorwärts*,
hinein ins Leben mit all seiner Freude,
seiner Jugend und Schönheit.

SØREN KIERKEGAARD

Wer zuversichtlich ist,
dem wachsen Flügel.
JAMES MATTHEW BARRIE

Ich wünsche dir Zeichen und Hinweise,
damit du deinen Weg durchs Leben findest
und dein *Ziel* nicht aus den Augen verlierst.

Grüble nicht,
was möglich ist und was nicht.
Tu, was du mit deinen Kräften
zustande bringst –
darauf kommt *alles* an.

LEO N. TOLSTOI

Man spürt selten, was Glück ist –
aber man weiß meistens, was Glück war.

FRANÇOISE SAGAN

Das Leben ist ein Spiegel.
Wenn man *hineinlächelt,*
lächelt es zurück.

GEORGE BERNARD SHAW

Ich wünsche dir, dass alles, was du tust,
mit inspirierender Weisheit *gesegnet* sei.

IRISCHER SEGENSWUNSCH

Es *lebt* nur der,
der lebend sich am Leben freut.

MENANDER

Nur wer das *Vergnügen* kennt, zu geben,
kennt die Kunst, anzunehmen.

MARIE VON EBNER-ESCHENBACH

Möge dein schlechtester Tag der Zukunft
besser sein als dein bester
in der Vergangenheit.

LAOTSE

Nein, das *Beste* ist, zu leben,
wie man grade leben kann.

SOPHOKLES

Mögest du dort blühen,
wo du gewachsen bist.
Mögest du dein Herz weit öffnen,
um Licht und Freude hereinzulassen.
Mögest du dich deinen Träumen
entgegenstrecken und dich
zu deiner vollen *Größe* entfalten können.

IRISCHER SEGENSWUNSCH

Tu erst das Notwendige,
dann das Mögliche,
und plötzlich schaffst du
das Unmögliche!
FRANZ VON ASSISI

Ich wünsche dir die zärtliche Ungeduld
des Frühlings, das milde Wachstum
des Sommers, die stille Reife des Herbstes
und die Weisheit des erhabenen Winters.
IRISCHER SEGENSWUNSCH

Lebe das Leben, solange du kannst.

FLORENCE NIGHTINGALE

Aufregung

Wann hast du das letzte Mal etwas
zum ersten Mal gemacht?

Ich wünsche dir, dass du dich immer mal wieder
vom Leben **überraschen** lässt.

Geh mit offenen Augen durch die Welt, finde deinen **Weg**,
stelle Fragen und finde heraus, was dich glücklich macht!

Wenn du einmal scheitern solltest,
dann wünsche ich dir, dass du aufstehst und weitergehst.
Und wenn du einen Umweg machen musst,
um dein Ziel zu erreichen, dann denk immer daran,
dass auch **andere Wege** schöne Steine haben.

Ich wünsche dir,
dass du dich von Veränderungen
nicht aus der Bahn werfen lässt,
sondern ihnen voller Mut
und *Zuversicht* begegnest.

Wer keine *Freunde* hat,
lebt nur zur Hälfte.

WEISHEIT AUS FRANKREICH

Trudle durch die Welt. Sie ist so *schön.*
KURT TUCHOLSKY

Werde, was du noch nicht bist, bleibe, was du jetzt schon bist. In diesem Bleiben und diesem Werden liegt alles *Schöne* hier auf Erden.

FRANZ GRILLPARZER

Der *Sinn* des Lebens besteht nicht darin,
ein erfolgreicher Mensch zu sein,
sondern ein wertvoller.

ALBERT EINSTEIN

Mögest du die Kraft haben,
neue Wege zu finden
und sie mutig zu gehen.

Ich wünsche dir,

dass dich deine Füße dorthin bringen,

wo dein *Herz* ist.

Das Leben ist vielleicht kein Wunschkonzert –
aber eines bestimmt:
ein *Wunderwerk.*

Ich wünsche dir, dass du jeden Tag
in vollen Zügen genießen kannst!

In jedem Anfang liegt die Ewigkeit.
HUGO VON HOFMANNSTHAL

Um *Wunder* zu erleben,
muss man an sie glauben.

CARL LUDWIG SCHLEICH

Was man *verstehen* gelernt hat,
fürchtet man nicht.

MARIE CURIE

Die Erde sei dir leicht.

EURIPIDES

Mein Wunsch für dich ist,
dass du *Antworten* auf all die Fragen findest,
die dir unlösbar erscheinen.

Um lange zu leben, lebe langsam.
MARCUS TULLIUS CICERO

Nicht auf das Leben kommt es an,
sondern auf den *Schwung*,
mit dem wir es anpacken.

HUGH WALPOLE

Finde heraus, was du tun willst,
und tu es dann *aus vollem Herzen.*

BUDDHA

Möge ein Licht besonders hell für dich leuchten,
auf dass du dich nicht verirrst auf deinem Weg
und immer sicher dein *Ziel* erreichst.

IRISCHER SEGENSWUNSCH

Lass dein Leben *leichtfüßig*
auf den Rändern der Zeit tanzen,
wie Tau auf der Spitze eines Blattes.

RABINDRANATH TAGORE

Der Verstand liebt die Abwechslung,
das Herz die *Wiederholung.*

ESTHER VON KIRCHBACH

Ich wünsche dir,
dass dein Leben
voller *Freude* ist
und deine Tage
voll frohem Erleben.

Versuche stets,
ein Stückchen Himmel
über deinem Leben freizuhalten.

MARCEL PROUST

Leben

Weil das Leben viel zu kurz ist,
um dein *Glücklichsein* auf »irgendwann« zu verschieben,
solltest du am besten heute noch damit anfangen.

Jeder Tag kann dein *Lieblingstag* werden, wenn du ihn lässt.

Also, her mit dem *schönen* Leben!

Was würde dich heute *glücklich* machen?

Was gibt dir das Gefühl, *lebendig* zu sein?

Frag dich nicht, was die Welt braucht.
Frag dich, was dich *lebendig* werden lässt.
Und dann geh und mach das.

HOWARD THURMAN

Werde wieder wie ein staunendes Kind,
das die Welt entdeckt.
Jeden *Augenblick* neu.

WEISHEIT AUS TIBET

Pflege das Leben, wo du es triffst.
HILDEGARD VON BINGEN

Wenn man etwas ganz fest will,
dann setzt sich
das ganze *Universum* dafür ein,
dass man es auch erreicht.

PAULO COELHO

Mögest du schon am
Morgen der Hilfe des Himmels
gewiss sein und über den Tag
in der *Sicherheit* leben,
den rechten Weg zu gehen.

IRISCHER SEGENSWUNSCH

Mein Wunsch für dich ist,
dass du dich über all die **kleinen** Dinge
im Leben freuen kannst.

Verlernt das *Staunen* nicht!
Lasst euch ergreifen und erschüttern!

ELSE CRONER

Niemand sonst
wird dein Leben für dich leben.

Du bist der *Künstler* – male dein Bild.
Träume dein Meisterwerk
in die Wirklichkeit hinein.

ANNE TAYLOR

Wenn alles gegen dich zu laufen scheint,
erinnere dich daran, dass das Flugzeug
gegen den *Wind* abhebt, nicht mit ihm.

HENRY FORD

Ein heiterer *Himmel*
sei über den Dingen, die du liebst,
und dunkle Wolken
mögen nie deinen Weg kreuzen.

IRISCHER SEGENSWUNSCH

Ich wünsche dir,
dass dir deine *Heiterkeit* nie verloren geht.

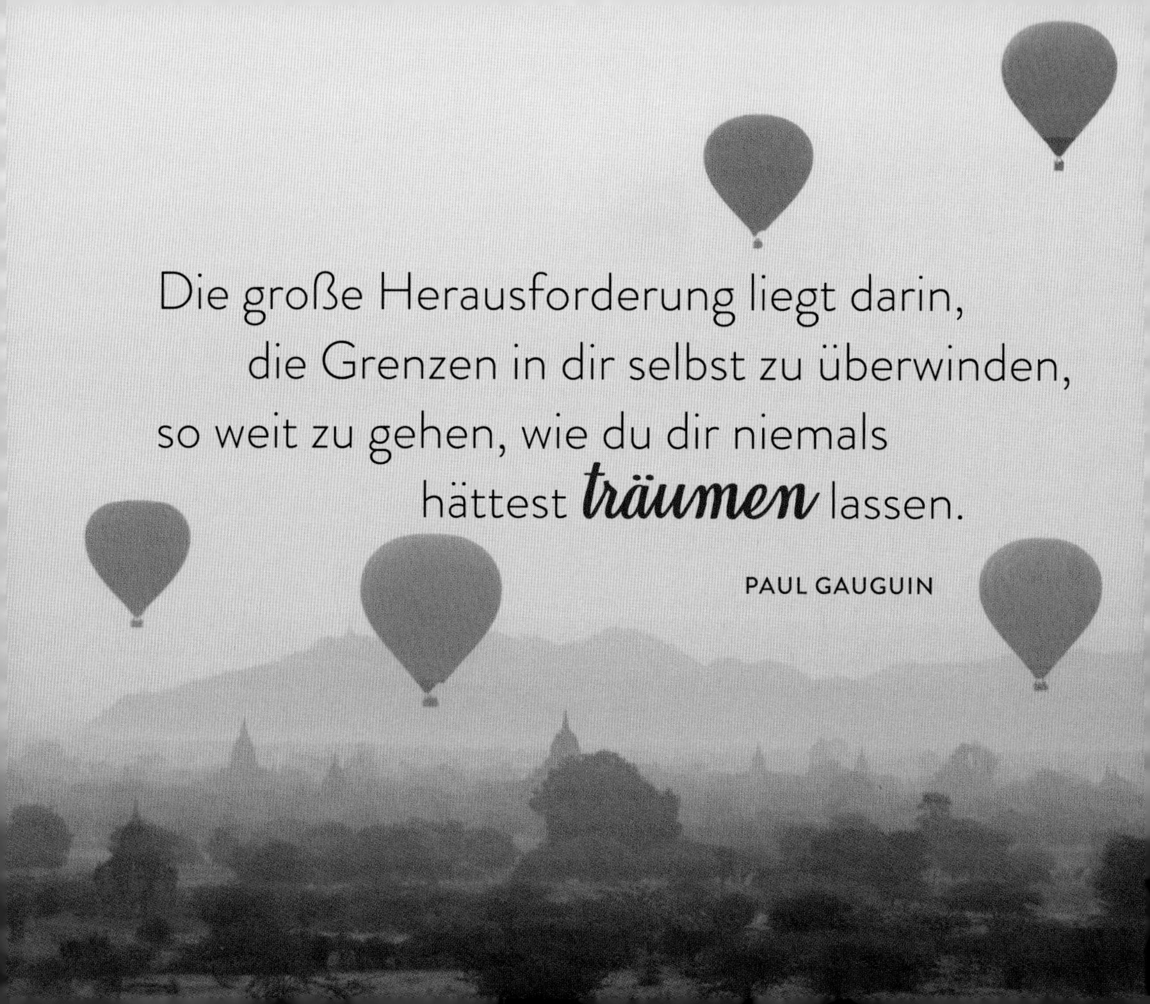

Die große Herausforderung liegt darin,
die Grenzen in dir selbst zu überwinden,
so weit zu gehen, wie du dir niemals
hättest **träumen** lassen.

PAUL GAUGUIN

Die *effektivste* Art,
etwas zu tun, ist,
es zu tun.

AMELIA EARHART

Mögest du *alle* Tage deines Lebens leben!

JONATHAN SWIFT

Nichts bringt uns auf unserem Weg besser voran als eine *Pause.*

ELIZABETH BARRETT BROWNING

Und wenn du den Eindruck hast, dass das Leben
ein Theater ist, dann suche dir eine Rolle aus,
die dir so richtig *Spaß* macht!

WILLIAM SHAKESPEARE

Ich wünsche dir
viele Gelegenheiten zum *Lachen.*
Dass du dir bald mal wieder den Bauch
vor lauter Lachen halten musst
und dir vor Glück ganz schwindelig wird!

Lass dich nicht von dem abbringen,
was du *unbedingt* tun willst.

ELLA FITZGERALD

Nimm dir Zeit zum *Nachdenken*,
aber wenn es Zeit für Aktionen ist,
dann hör auf zu denken und geh los.

ANDREW JACKSON

Finde heraus, wer du bist,
und dann sei diese Person.
Das ist der Grund,
warum deine *Seele*
auf der Welt ist.

MUTTER TERESA

Das Leben ist eine große Leinwand.
Bemale sie **so bunt** du kannst.

DANNY KAYE

Ich wünsche dir, dass dein Herz
voller Vertrauen und *Zuversicht* ist
und sich Zweifel am Horizont
schnell verflüchtigen.

Was immer du tun kannst
oder wovon du träumst – fang damit an.
Mut hat Genie, Kraft und *Zauber* in sich.

JOHANN WOLFGANG VON GOETHE

Jeder Tag zieht vorüber
und macht neuen Möglichkeiten Platz.

Es ist nie zu spät, so zu sein,
wie man *gerne* wäre.

GEORGE ELIOT

Für jeden Abend,
an dem du traurig zu Bett gehst,
wünsche ich dir einen Morgen,
an dem du es vor Glück gar nicht
erwarten kannst, wieder aufzustehen.

Um glücklich zu sein,
muss man seine Vorurteile abgelegt
und seine *Illusionen* behalten haben.

ÉMILIE DU CHÂTELET

Möge das Licht der Sterne
über allen Dingen strahlen, die du tun wirst.
IRISCHER SEGENSWUNSCH

Lebe so, wie du es für richtig hältst,
und geh, wohin dein Herz dich führt.
Das Leben ist ein Theaterstück
ohne vorherige Theaterproben.
Darum: *Singe, lache, tanze und liebe!*
Und lebe jeden einzelnen Augenblick
deines Lebens, bevor der Vorhang fällt.

CHARLIE CHAPLIN

Lachen

Das Leben ist schon ernst genug.
Für dich wünsche ich mir, dass du immer
einen Grund zum *Lachen* findest.

Wem hast du zuletzt ein *Lächeln*
ins Gesicht gezaubert?

Worüber hast du dich heute *gefreut?*

Was *heitert* dich immer wieder auf?

Ich wünsche dir
ein bisschen Sonne,
eine kleine Blume
und ein *frohes* Herz.

Freude

ist eine Liebeserklärung ans Leben.

ADALBERT LUDWIG BALLING

Jeder Tag ist ein neuer Anfang.

THOMAS STEARNS ELIOT

Binde deine *Wünsche* an einen Stern.

LEONARDO DA VINCI

Wenn du *glücklich*
sein willst,
dann lass dich davon
nicht abbringen!
Denn dieser Wunsch
kennt keine Grenzen.

Da es sehr förderlich für die Gesundheit ist,
habe ich beschlossen, glücklich zu sein.

VOLTAIRE

Ich habe keine Angst vor Stürmen.
Ich lerne, wie ich mein Schiff *steuern* muss.

LOUISA MAY ALCOTT

In uns selbst
liegen die *Sterne* unseres Glücks.

HEINRICH HEINE

Das Leben ist *bezaubernd,*
man muss es nur durch die richtige Brille ansehen.

ALEXANDRE DUMAS

Die Glückseligkeit
scheint in der Muße zu bestehen.
ARISTOTELES

Denke erst an die Zukunft,
wenn sie zur *Gegenwart* geworden ist.

WEISHEIT AUS TIBET

So wie keine Blume
ohne Farbe gedacht werden kann,
so ist kein Mensch ohne *Poesie.*

SOPHIE TIECK

Hab *Vertrauen* ins Leben, hab Vertrauen ins Glück,
schau immer nach vorn und niemals zurück!

IRISCHER SEGENSWUNSCH

Dass die *Blumen* des Lebens
für dich ganz besonders schön blühen,
das wünsch ich dir von Herzen.

Du brauchst nicht immer einen Plan.

Manchmal musst du nur *atmen,* vertrauen,

loslassen und schauen, was passiert.

MANDY HALE

Glück strahlt zurück
wie das *Licht* des Himmels.
WASHINGTON IRVING

Dass du immer den Wind im Rücken
und die *Sonne* im Gesicht hast,
das wünsch ich dir.

Ein jeder hat seine eigene *Art*,
glücklich zu sein, und niemand darf verlangen,
dass man es in der seinigen sein soll.

HEINRICH VON KLEIST

Ich wünsche dir, dass du am Abend
mit einem *Lächeln* auf deinen Tag zurückschaust.

Das *Geheimnis*
des Glücks ist,
statt der Geburtstage
die Höhepunkte
des Lebens zu zählen.

MARK TWAIN

Wahrlich, unser Leben währet nur kurz,
darum durchmesst seine Bahnen
auf das *Fröhlichste.*

EURIPIDES

Ich liebe die *Sterne* zu sehr,
um Angst vor der Nacht zu haben.

GALILEO GALILEI

Lebe, liebe, lache!

Ich wünsche dir, dass du die Welt
wieder mit den Augen
eines Kindes sehen kannst.

Nicht die Glücklichen sind dankbar.
Es sind die Dankbaren, die *glücklich* sind.

FRANCIS BACON

Genieße die Augenblicke des Glücks,
denn sie sind *vergänglich.*

WEISHEIT AUS DEM BUDDHISMUS

Wunder

Die besten Dinge im Leben passieren oft unverhofft.
Wer weiß schon, was hinter der nächsten Biegung
seines Lebenswegs auf ihn wartet …

Wunder passieren. Träume werden wahr.
Das Leben ist schön!

Wann hast du das letzte Mal ein *Wunder* erlebt?

Was lässt dich weiter an das *Glück* glauben?

Ich wünsche dir ein Lächeln auf den Lippen,
ein schönes *Lied* im Ohr und ein Herz,
das überströmt vor Glück.

Ich wünsche dir Erinnerungen,
die so schön sind,
dass du sie am liebsten
in einer *Schatztruhe*
aufheben möchtest.

Ich denke,
Wünschen hilft.
RAHEL VARNHAGEN VON ENSE

Mögest du die leuchtenden
Fußstapfen des Glücks finden
und ihnen folgen *ein Leben lang.*

IRISCHER SEGENSWUNSCH

Lasst uns immer in den großen *Traum*
des Lebens kleine bunte Träume weben.

JEAN PAUL

Ein freundliches Wort kostet nichts,
und dennoch ist es
das schönste aller *Geschenke.*

DAPHNE DU MAURIER

Folge den Spuren des Glücklichen,
und du wirst *glücklich* werden.

WEISHEIT AUS ARABIEN

Ich wünsche dir für jede Träne ein Lachen,
für jedes Problem eine Lösung,
für jeden Zweifel einen *Regenbogen.*

IRISCHER SEGENSWUNSCH

Fahre in die Welt hinaus.
Sie ist fantastischer als jeder Traum.
RAY BRADBURY

Das Glück des Lebens besteht nicht darin, wenig oder keine Schwierigkeiten zu haben. Sondern sie alle zu *überwinden.*

CARL HILTY

Ich wünsche dir, dass du deinen Sinn
für die kleinen und großen *Wunder*
in der Welt nicht verlierst.

Hab ein Lied auf den Lippen, verlier nie den Mut,
hab *Sonne* im Herzen, und alles wird gut.

CÄSAR FLAISCHLEN

Ein glücklicher Mensch ist zu zufrieden
mit der Gegenwart, um sich viele Gedanken
über die *Zukunft* zu machen.

ALBERT EINSTEIN

Mein Wunsch für dich ist,
dass aus jedem Samen, den du säst,
eine wunderschöne Blume wird.

Mögest du ein Lied in deinem Herzen
und nichts als *Freude*
in deinen Fingerspitzen haben.

IRISCHER SEGENSWUNSCH

Vertraue auf dein Glück –
und du ziehst es herbei.

SENECA

Wende dich ab von den Sorgen,
überlass alle Dinge dem Schicksal;
freu dich des Guten, das heute dir lacht,
und vergiss darüber *alles Vergangene.*

WEISHEIT AUS ARABIEN

Nichts Süß're gibt es,
als der Sonne *Licht* zu schaun.

FRIEDRICH SCHILLER

Ich wünsche dir laue Sommerwinde,
die *Hoffnung* zu dir tragen.

Lege dir *jeden Tag* für deine Sorgen
eine halbe Stunde zurück.
Und in dieser Zeit mache ein Schläfchen.

LAOTSE

Das *Glück* besteht nicht darin,
dass du tun kannst, was du willst,
sondern darin, dass du immer willst,
was du tust.

LEO N. TOLSTOI

Ich wünsche dir mehr *Sternschnuppen*
in deinem Leben, als du Wünsche hast!

Wer den Kopf nicht hebt,
kann die *Sterne* nicht sehen.

WEISHEIT AUS ARMENIEN

Und ich will glücklich sein,
mein Herz hat die *Kraft* dazu.

LOUISE ASTON

Mögest du hundert *Frühlinge* erleben,
aber nur einen Herbst.

IRISCHER SEGENSWUNSCH

Erfasse das *Glück* des Lebens im Fluge:
Es kommt nicht zurück.

FRIEDRICH VON BODENSTEDT

In Freiheit, mit Blumen,
Büchern und dem Mond –
wer könnte da nicht glücklich sein?
OSCAR WILDE

Liebe

Ich wünsche dir, dass du diesen einen besonderen Menschen findest, der ganz genau in dein *Herz* passt, und dass du jeden Tag spürst, wie sehr du geliebt wirst.

Entscheide dich immer für die Liebe!

Wie kannst du mehr *Liebe* in deine Welt bringen?

Wen liebst du *von Herzen?*

Welch Glück, geliebt zu werden!
Und lieben, Götter, welch ein Glück!
JOHANN WOLFGANG VON GOETHE

Ich wünsche mir für dich,

dass du dich *nie* einsam fühlst,

sondern immer jemanden an deiner Seite hast.

Man sieht nur mit dem Herzen gut,
das *Wesentliche*
ist für die Augen unsichtbar.

ANTOINE DE SAINT-EXUPÉRY

Ob sonnige *Momente* oder graue Tage,
ob herzhaftes Lachen oder ehrliche Tränen –
– ich wünsche dir Freunde,
mit denen du alles teilen kannst.

Gegen den Wind beweist sich die *Freundschaft.*

DEUTSCHES SPRICHWORT

Es ist ***besser,***
Genossenes zu bereuen,
als zu bereuen,
dass man nichts genossen hat.

GIOVANNI BOCCACCIO

Was ist des Lebens höchste Lust?
Die *Liebe* und der Wein.

JOACHIM PERINET

Möge dein Herz
voll Frieden sein.

Zum rechten lebendigen Leben
gehört ein *Herz*,
das von tiefer Liebe glüht.

LUDWIG UHLAND

Ich wünsche dir,
dass du immer wieder an *Wunder,*
Liebe und Glück glauben kannst.

Ich wünsche deinem Herzen *ein Zuhause,*

sodass es immer einen Ort gibt,

an den du zurückkehren kannst.

Es kommt nicht darauf an,
wen du liebst, wo du liebst, warum du liebst,
wann du liebst oder wie du liebst.
Es zählt nur, *dass du liebst.*

JOHN LENNON

Ich wünsche dir
Liebe für ein ganzes Leben!

Freundschaft

Was das Leben besonders macht,
sind doch die ***Menschen*** an deiner Seite.

Dass du immer eine Hand hast, die die deine hält,
das wünsche ich dir! Denn ***zusammen*** ist man weniger allein.

Mit welchen Freunden kannst du vor lauter ***Spaß***
auch mal den Ernst des Lebens vergessen?

Wer ist deine ***beste Freundin?*** Und wer dein ***bester Freund?***

Wann hast du deinen Freunden das letzte Mal gesagt,
wie viel sie dir ***bedeuten?***

Möge die Freude eines fröhlichen Herzens

und alles *Glück* der Kleeblätter

das ganze Jahr über mit dir sein.

IRISCHER SEGENSWUNSCH

Ich wünsche dir viele liebe Menschen
in deinem Leben,
mit denen du dich *verbunden* fühlst.

Möge das Leben dich lehren,
dir selbst ein *guter Freund* zu sein.

IRISCHER SEGENSWUNSCH

Sei einzigartig!

Entwickle dich zu dem einmaligen,
unverwechselbaren,
unaustauschbaren Menschen,
der in dir angelegt ist.

PINDAR

Die *Seele* ernährt sich von dem,
worüber sie sich freut.

AURELIUS AUGUSTINUS

Deine erste Pflicht ist,
dich selbst *glücklich* zu machen.
Bist du glücklich,
so machst du auch andere glücklich.

LUDWIG FEUERBACH

Das *Fließen* des Wassers
und die Wege der Liebe haben sich seit
Göttergedenken nicht geändert.

WEISHEIT AUS CHINA

Ich wünsche dir
gute Erinnerungen,
die du in deinem Herzen
bewahren kannst.
IRISCHER SEGENSWUNSCH

Es gibt wohl nichts *Schöneres*
in der Welt, als geliebt zu werden.

SEI SHŌNAGON

Möge dein Herz *voller Liebe* sein,

ein Leben lang.

Leben lebt allein durch die Liebe.

CLEMENS BRENTANO

Wenn der Wille
auf das Gute gerichtet ist,
gibt es nichts Böses.
KONFUZIUS

Ich wünsche dir, dass du den Glauben
an das Gute nicht verlierst,
auch wenn es manchmal schwer ist,
sich diesen zu bewahren.
Hab *Vertrauen* in das Leben,
und alles wird gut.

Liebe und Freundschaft
sind die besten *Gewürze* zu allen Speisen.

WEISHEIT AUS CHINA

Ein Freund, das ist ein *Geschenk,*
das man sich selbst macht.

ROBERT LOUIS STEVENSON

Der Geist,
der allen Dingen
Leben verleiht,
ist die *Liebe.*

WEISHEIT AUS CHINA

Ich wünsche dir *schöne Stunden,*
die du in deinem Herzen bewahren kannst,
ein Leben lang.

Alter schützt vor *Liebe* nicht,
aber Liebe vor dem Altern.

COCO CHANEL

Das *Glück,* geteilt mit Freunden,
ist uns doppelt süß.

EURIPIDES

Möge Klarheit sich spiegeln
auf dem Grunde deines Herzens.
Rein sei deine Seele wie ein See
in der *Stille* des Gebirges.

IRISCHER SEGENSWUNSCH

Ich wünsche dir,
dass Sonnenstrahlen
deine Seele wärmen.

Träume

Damit alle deine kleinen und großen ***Wünsche***
in Erfüllung gehen, wünsche ich dir einen Himmel voller Sterne,
nach denen du greifen kannst.

Träume groß, wild und bunt!

Und wenn du einmal nicht an dich selbst glaubst,
dann denk immer daran, dass ich ***ganz fest*** an dich
und deine Träume glaube.

Ich wünsche dir den ***Mut***,
deine Träume auch zu verwirklichen.

Wovon träumst du?

Mögen dich heute nur
glückliche Überraschungen erwarten,
nur gern gesehene Freunde,
nur gute Erinnerungen, nur lächelnde Gesichter,
nur liebevolle Worte, nur schöne Momente.
Mögest du heute besonders gesegnet sein!

IRISCHER SEGENSWUNSCH

Die Sonne scheint für dich – deinetwegen;
und wenn sie müde wird, beginnt der Mond,
und dann werden die Sterne angezündet.
SØREN KIERKEGAARD

Träume dir dein Leben schön
und mach aus diesen Träumen eine Realität.

MARIE CURIE

Es gibt nichts *Schöneres*,
als geliebt zu werden,
geliebt um seiner selbst willen
oder vielmehr trotz seiner selbst.

VICTOR HUGO

Kein Akt der *Freundlichkeit*, wie klein auch immer, ist vergebens.

AESOP

Ich wünsche dir,
dass du dich nie alleine fühlst
und die *Verbundenheit* tief
in deinem Herzen spürst.

IRISCHER SEGENSWUNSCH

Sei gut zu dir und *vergib* den anderen.

WEISHEIT AUS DEM BUDDHISMUS

Öffne dein Herz für die Natur

Ich wünsche dir,
dass du dir mal wieder Zeit
für einen langen Spaziergang nimmst
und dich erfreust an den Schönheiten,
die es draußen zu entdecken gibt.

Mögen deine Träume
so hell wie *Sterne* sein
und dir den Weg leuchten,
bis du an deinem Ziel
angekommen bist.

IRISCHER SEGENSWUNSCH

Jeder Tag
ist ein neuer Anfang.
THOMAS STEARNS ELIOT

Lass die Dinge kommen und gehen.
Dein Herz sei offen wie der *Himmel.*

WEISHEIT AUS ASIEN

Ich wünsche dir
den Mut, öfter mal
auf dein Herz zu hören
und dir dein Leben
bunt zu malen!

Sei bereit für ein schönes,
neues *Kapitel* in deinem Leben.

Cover: www.shutterstock.com: Gringoann.art, Olly Molly, Flas100, Paladin12
Bildnachweis Inhalt: Getty Images: S. 2: valio84sl; S. 12: Wichit; S. 17, 21: jimfeng; S. 23: boule13; S. 24: vvvita; S. 26: 1971yes; S. 28: k5hu; S. 34: Lanski; S. 37: Gaschwald; S. 40: Konstanttin; S. 47, 125, 174: jakkapan21; S. 61: furtaev; S. 63: nata_zhekova; S. 65: Johann Lang; S. 66: va103; S. 68: mthaler; S. 70: Cristi Mihart; S. 73: igoriss; S. 77: pechevoy; S. 78: SStajic; S. 81: ananaline; S. 82: Sage Robinson Photography; S. 88: Mike_Pellinni; S. 91: anatoliy_gleb; S. 97: Kritsada Petchuay; S. 101: Alex Levine; S. 103: Anita Horvat; S. 110: Say-Cheese; S. 112: pilipphoto; S. 116: lowkick; S. 121: Rastan; S. 134: travellingnight; S. 138, 163: kieferpix; S. 141: Tetiana Soares; S. 150: wmaster890; S. 152: DaLiu; S. 161: Alexsandr Mol; S. 168: Diy13; www.shutterstock.com: S. 9: Victor Marinov; S. 11: MikeDrago.cz; S. 15: Valeriy Leonov; S. 30: Tonio_75; S. 32: Letterberry; S. 36: Denis Belitsky; S. 43: lukaszokol; S. 45: Guaxinim; S. 48: Artem Kontratiev; S. 51: hxdbzxy; S. 53: Bjorn Carlsson; S. 54: LEOCHEN66; S. 56: LanaSweet; S. 58: Stanislav Salamanov; S. 75: Sozina Kseniia; S. 85: Simon Bratt; S. 92: Iryna Inshyna; S. 99: Andrekart Photography; S. 105: Namphon2U; S. 107: Galyna Andrushko; S. 109, 123, 128, 131, 137, 147: ju_see; S. 114: Jacob_09; S. 142: Nuchylee; S. 144, 148: Jenny Sturm; S. 154: Sebastian Duda; S. 156: UliAb; S. 159: Darya Komarova; S. 167: MAXSHOT.PL; S. 172: Repina Valeriya; Unsplash: S. 18: Simon Berger; S. 87: Jack Cohen; S. 94: Benjamin Voros; S. 118: J Lee; S. 127: Saiph Muhammad; S. 133: Kateryna Hliznitsova; S. 164: Mateusz Klein; S. 171: Thomas Despeyroux;
Hintergründe / Vignetten: www.shutterstock.com: Gringoann.art; Le Panda; Duda Vasilii; Flas100; Olly Molly; StacyArtStore; Gringoann.art; Artnizu; Modesta.Gas; Paladin12

Covergestaltung: das verlagsatelier ROMY POHL
Gestaltung Innenteil: Eva Schindler, Grafing

ISBN 978-3-8458-4744-3
www.arsedition.de

MIX
Papier | Fördert gute Waldnutzung
FSC
www.fsc.org
FSC® C020056